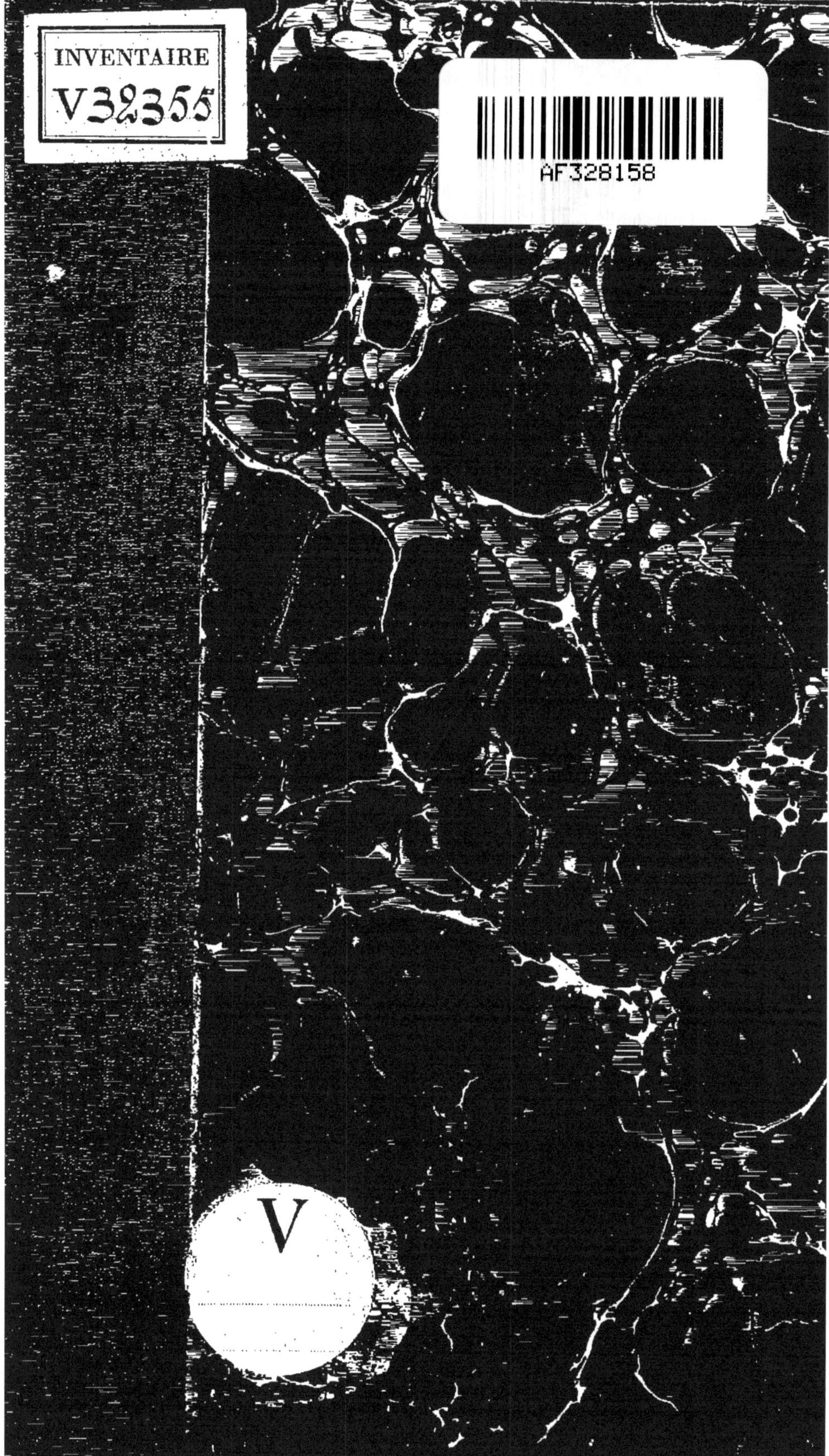
V

LE CABINET

DE

M. THIERS

IMPRIMERIE L. TOINON ET Cᵉ, A SAINT-GERMAIN

LE CABINET

DE

M. THIERS

PAR

M. CHARLES BLANC

Membre de l'Institut
Directeur des Beaux-Arts

PARIS

Vᵉ J. RENOUARD, LIBRAIRE-ÉDITEUR

6, RUE DE TOURNON, 6

1871

Le travail qu'on va lire a déjà paru, en 1862, dans la Gazette des Beaux-Arts.

Éloigné des affaires publiques, M. Thiers vivait.alors dans une retraite laborieuse et ne laissait plus voir en lui que l'homme de lettres, l'historien, l'amateur. Nous pouvions donc lui exprimer des sentiments de sympathie personnelle, sans être suspect d'adulation ou d'ambition.

Malgré l'intérêt nouveau qui s'attachera peut-être à cet opuscule, par suite des événements qui lui ont donné un si triste à-propos, nous n'eussions pas songé à remettre en lumière des pages déjà anciennes et déjà oubliées, si un journal très-répandu, le Temps, ne les avait exhumées, et publiées dans son édition de Saint-Germain. C'est ce qui nous a décidé à réimprimer ce morceau dans son intégrité, et bien que M. Thiers soit devenu aujourd'hui tout-puissant, nous avons cru convenable de n'apporter aucune atténuation aux éloges que nous avions faits de son cabinet et de lui-même.

LE CABINET

DE

M. THIERS

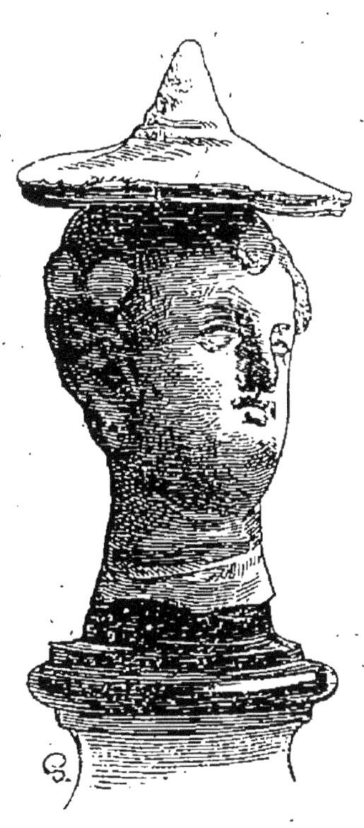

La première fois que nous entrâmes dans le cabinet de M. Thiers, nous fûmes encore plus frappé de sa personne que des merveilles rassemblées autour de lui. L'illustre historien était occupé alors à son *Histoire de l'Empire*. Assis devant un bureau à cylindre, il écrivait sur de grandes feuilles de papier avec une de ces grosses plumes qui prodiguent l'encre et dont les maîtres italiens se sont servis tant de fois pour dessiner. Sur le tapis étaient rangées en ordre les feuilles écrites dans la matinée... « N'est-il pas irritant, nous dit M. Thiers (comme si la conversation eût commencé depuis une heure), n'est-il pas irritant de rencontrer, dans une narration épique, des noms barbares, tels que le Waal, le Leck ou le Frische-Haff, au lieu de ces beaux noms poétiques et sonores, le Danube, le Tage ou le Tibre? Le moyen de faire manœuvrer sa phrase à travers des syllabes aussi dures! Vous êtes en pleine victoire : le lecteur est charmé, il est ravi... et vous voilà forcé de lui écorcher le tympan avec le Frische-Haff, ou le Leck, ou le Waal!

« — Boileau, répondis-je, avait éprouvé avant vous de pareils déboires, et vous vous souvenez qu'il trouvait les villes de Hollande plus faciles à conquérir par l'épée que par la rime. » Mais comme je murmurais un vers du poëte satirique, j'aperçus tout à coup un bronze sublime, et je demeurai saisi, muet et immobile d'admiration. Ce que voyant, M. Thiers traversa rapidement son cabinet, et vint me montrer avec enthousiasme le bronze que je regardais... une maquette de Michel-Ange !

Esprit de feu, toujours prêt, toujours prompt à saisir une idée et à l'exprimer, M. Thiers n'est jamais plus alerte que lorsqu'il est aux prises avec une question d'art. Il est bien le personnage que l'*Histoire de dix ans* nous représente comme un homme d'imagination vive, aimant passionnément les arts, fougueux dans ses fantaisies, pressé de jouir, et capable d'oublier un instant les affaires d'État pour la découverte d'un bas-relief de Jean Goujon.

Si on lui parle des arts, M. Thiers, en effet, n'hésite pas à quitter son travail qu'il reprend avec une prodigieuse facilité. Toujours levé à cinq heures du matin, travaillant sans relâche jusqu'à une heure, c'est dans l'après-midi qu'il visite les musées ou les galeries particulières, et se livre à ce qui a fait la passion de toute sa vie. Ayant dû beaucoup d'aisance à la famille dans laquelle il est entré et à des ouvrages dont le succès et le prix ont été presque sans exemple, économe, — il le dit lui-même — pour tout ce qui n'est pas objet d'art, il a pu composer ce cabinet unique, dont la pensée mérite d'être signalée aux vrais amateurs. « Si j'avais voulu acheter des tableaux, nous disait M. Thiers, je serais perdu,

Ma petite fortune y eût été engloutie. J'en ai acheté trois ou quatre jolis, mais de médiocre valeur, et je me suis arrêté. Au surplus, quand j'aurais eu à ma disposition les richesses de nos plus grands financiers, je n'aurais pas fait beaucoup plus. Regardez, en effet, les collections célèbres de notre temps : ces collections qui ont coûté des sommes énormes vous donnent-elles une seule des sensations que vous avez éprouvées à Florence, à Rome, à Madrid, à Venise, à Dresde ? Assurément non. Eh bien, c'est le souvenir de tant de belles choses me poursuivant, me désolant sans cesse, qui m'a inspiré l'idée de ce petit musée, si complet, dont je me suis entouré. »

Le goût des choses d'art n'est donc pas, chez M. Thiers, une affaire de mode, une manière d'amuser le tapis à ce grand jeu de la fortune politique dont il sait les retours. Au milieu de ses triomphes, dans le temps où il paraissait appartenir tout entier à la tribune et aux affaires, il trouvait du loisir pour causer esthétique avec Chenavard et Peisse, pour s'enquérir des peintures de Sigalon, pour lire Vasari ou Léon-Baptiste Alberti. Que dis-je ! c'est par une brochure sur le Salon de 1822 que M. Thiers avait débuté dans la littérature, absolument comme M. Guizot débuta par son opuscule sur le Salon de 1810.

Avant que d'entreprendre l'*Histoire de la Révolution française*, M. Thiers avait écrit pour le *Constitutionnel* des pages pleines de sens et de goût sur l'école de David, déjà sourdement battue en brèche par une école nouvelle. Lorsque le vent de la tempête romantique commençait à souffler, le jeune écrivain, qui avait été élevé sous l'empire au son du tambour, tenait encore assez ferme pour les classiques, surtout pour David, dont tous les amis étaient les siens ; mais il les défendait avec mesure et pensait les défendre d'autant mieux qu'il confessait habilement leurs déviations et leurs erreurs. On doit même se souvenir qu'il eut le mérite de prévoir, avant tout le monde, quel serait le chef de la brillante et bruyante révolution qui se préparait. Il est surprenant, à cette heure, de voir avec quelle sagacité, quelle sûreté M. Thiers jugeait à la fois, il y a quarante ans, le vieux David et le jeune Delacroix. Aujourd'hui que la critique d'art a fait certainement de grands

progrès, personne, parmi les plus experts, ne dirait mieux, touchant la *Mort de Socrate*, que ne
l'a fait M. Thiers en ces quelques lignes : « Socrate dans sa prison, assis sur un lit, montre le
ciel, ce qui indique la nature de son entretien ;
il reçoit la coupe, ce qui rappelle sa condamna-
tion ; il tâtonne pour la saisir, ce qui annonce sa
préoccupation philosophique et son indifférence
sublime pour la mort. C'est là ce qu'on peut ap-
peler la construction du poëme. Le poëte épique
choisit ce qui prête au récit, le poëte tragique
ce qui prête au drame, le peintre ce qui peut
devenir visible. »

En parlant d'Eugène Delacroix, M. Thiers
s'exprimait ainsi :

« Aucun tableau ne donne plus l'idée de l'a-
venir d'un grand peintre que le tableau de M. Delacroix, représentant *Dante et Virgile aux enfers.*
Je ne sais quel souvenir des grands artistes me
saisit à l'aspect de ce tableau ; j'y retrouve cette
puissance sauvage, ardente mais naturelle, qui
cède sans effort à son propre entraînement. »

Ce sont là des passages remarquables, qui ré-

vélaient une vocation de critique et la fine intelligence d'un amateur bientôt célèbre.

Dès que le produit de ses premiers ouvrages
lui eut procuré le moyen de satisfaire ses goûts,
M. Thiers partit pour l'Italie. Il l'avait désirée
au moins autant qu'un portefeuille. Il la parcou-
rut avec ravissement ; mais il fut assez bien inspiré pour ne s'arrêter point aux choses médio-
cres, qui abondent là comme ailleurs ; il ne re-
garda qu'à l'excellent. Revenu en France, il
n'avait conservé que le souvenir des chefs-d'œuvre de la peinture et de la statuaire. Il pensait
avec délices au Saint Georges de Donatello, au
Baptistère de Ghiberti, aux Sibylles et aux Pro-
phètes de Michel-Ange, aux Chambres et aux
Loges du Vatican, à la Cène de Léonard de Vinci,
aux fresques d'André del Sarte. Il avait emporté
dans son esprit le morceau le plus précieux de
chaque église, de chaque musée, de chaque ville,
l'Assomption de Venise, le *Sposalizio* de Milan, la Sainte Cécile de Bologne, le *Pensieroso* de
Florence, l'*Ézéchiel* du palais Pitti, la Vénus couchée des Offices. Il avait présent tout ce qui doit
rester dans la mémoire d'un dilettante : le Moïse
de Saint-Pierre-aux-Liens, la Déposition de

Croix du palais Borghèse, les Sibylles *della Pace*, le violoniste du palais Sciarra, la *Fornarina* du palais Barberini, la *Pietà* de Saint-Pierre ; il se rappelait aussi avec charme le Dominiquin et son Saint Jérôme, Daniel de Volterre et sa Descente de Croix, Annibal Carrache et sa magnifique galerie Farnèse. Il ne pouvait entendre parler de Parme, de Padoue, de Venise, sans songer à la coupole du Corrége, à la statue équestre de Gattamelata, à la statue équestre de Colleone.

Chose notable ! ce que vit d'abord M. Thiers en Italie, ce qu'il admira, ce qui le toucha au fond du cœur, ce ne fut pas l'antiquité, ce furent les merveilles de la Renaissance, et cela parce qu'il était lui-même un enfant du génie moderne. Il a vécu toute sa vie et il s'est complu dans le relatif, et c'est justement la raison de sa grande habileté en politique. En fait d'art, il préfère le sentiment individuel à la beauté idéale, le mouvement au repos, et la vérité à tout. De même que les abstractions répugnent à son esprit étincelant et pratique, à son âme impatiente, de même il a peu de goût pour ces formes absolument belles dont l'antique a réalisé l'utopie, et

j'imagine que si la nature l'avait fait artiste, il
eût cherché avant tout le *caractère*. Au lieu de
généraliser ses figures par le style, il les aurait
particularisées par l'expression... Un jour que
nous parlions d'Athènes et de la Grèce, où j'al-
lais faire un voyage, M. Thiers me dit, après un
moment de silence : « Oui, sans doute, le Parthénon a le premier prix : c'est entendu ; mais
voyons un peu qui aura le second prix et l'ac-
cessit. » Ces paroles peignent fort bien les dis-
positions d'un esprit éclectique, en garde contre ce qui pourrait gêner la liberté entière de ses
admirations.

On peut déjà se former une idée de ce que
doit être le cabinet de M. Thiers. L'universalité
en sera l'aspect le plus frappant. Le grand
art italien y jouera sans doute le premier rôle,
mais on y trouvera le beau sous toutes les formes, le beau de toutes les écoles et de tous les
pays, le germanique et l'espagnol, le florentin et
le français, le batave et l'indien, le grec et le
chinois ; le grec, dis-je, car il figure aussi
dans le cabinet de M. Thiers, mais ce n'est
guère que comme un diapason. Il semble que
la beauté grecque, par sa perfection même,

ait, aux yeux de M. Thiers, quelque chose d'exclusif.

La plupart des amateurs composent leur collection en se laissant guider par la fortune, comme les bibliophiles en bouquinant. Ils se lèvent chaque matin pour aller à la découverte, et ils rapportent chez eux ce que leur a offert le hasard, ou bien ils rentrent à bout de voie, les mains vides, quelquefois confus d'une occasion manquée ou d'une méprise. M. Thiers a procédé autrement : avant de réunir sa collection, il l'avait formée tout entière dans sa tête; il en avait dressé le plan, et ce plan, il a passé trente ans à l'exécuter, de sorte que ses richesses ont été pour ainsi dire préconçues : elles sont plutôt l'accomplissement d'un souhait que le produit d'une rencontre. M. Thiers possède ce qu'il a voulu posséder. Sa pensée, toute personnelle, pourrait cependant convenir à la formation d'une galerie nationale. De quoi s'agissait-il? D'arranger autour de soi un abrégé de l'univers, c'est-à-dire de faire tenir dans un espace d'environ quatre-vingts mètres carrés, Rome et Florence, Pompéi et Venise, Dresde et la Haye, le Vatican et l'Escorial, le British-Museum et l'Ermitage, l'Alhambra et le Palais d'été... Eh bien, M. Thiers a pu réaliser une pensée aussi vaste avec des dépenses modérées, faites chaque année pendant trente ans... Mais, il faut le dire, que d'occasions admirables sont venues se présenter à lui durant son séjour au pouvoir! Que de facilités lui ont procurées ses longues relations avec toute l'Europe, surtout quand il a eu à faire copier des statues comme le *Persée* de Benvenuto, ou des morceaux inédits comme certains vases du musée Bourbon à Naples! Plus un homme est riche en objets d'art, plus facilement la richesse lui arrive. Plus la rivière est grosse, plus elle grossit.

Voulant fixer avant tout sur les murailles de sa demeure les plus précieux souvenirs de ses voyages, M. Thiers fit exécuter par un dessinateur fort habile, M. Bellay, des copies réduites d'après les plus fameux morceaux de peinture qui soient en Europe. Aussi, en entrant chez lui, se trouve-t-on tout d'abord au milieu des chefs-d'œuvre éclos en Italie durant le siècle de Léon X. La paroi qui fait face aux fenêtres est occupée par le Jugement dernier, placé entre la Dispute du Saint-Sacrement et l'École d'Athènes. L'Assomption du Titien décore le dessus de la cheminée, entre la Communion de saint Jérôme et la Transfiguration. La Madone de Saint-Sixte fait pendant à la Sainte Cécile, et dans les trumeaux sont encadrées les Sibylles de Raphaël, entre le *Sposalizio* et le tableau représentant Grégoire IX qui remet les Décrétales à un avocat du consistoire, excellente fresque du grand maître qu'on ne remarque pas assez dans la Chambre de la Signature, parmi tant de merveilles.

Ces copies étant réduites à la même échelle ou à peu près, — quelques-unes ont 3 mètres de haut et les figures ont 45 centimètres environ, — l'œil y retrouve avec plaisir la grandeur relative des originaux. Elles sont peintes à l'aquarelle avec des vigueurs de crayon, et le choix de ce procédé est on ne peut plus intelligent. D'une part, l'aquarelle est ce qui reproduit le mieux le ton limpide et blond de la fresque ; d'autre part, quand il s'agissait de copier un tableau peint à l'huile, comme l'*Assomption* du Titien, par exemple, il eût été imprudent de se mesurer directement avec un tel maître sur son propre terrain, et il eût été absurde de prétendre répéter en petit la touche fière qu'il avait employée en grand.

C'est un principe, en effet, que les dimensions d'une peinture doivent en commander l'exécution, parce qu'il faut dans les grands ouvrages de la largeur, et dans les petits de la finesse. L'artiste, fort distingué en son genre, qui est allé copier à Venise le Titien de l'Académie, a a donc été fort bien avisé en évitant une rivalité impossible et en traduisant l'original par une sorte de transposition. M. Thiers y a trouvé un double avantage, celui d'avoir l'équivalent d'un morceau intraduisible, et celui de n'introduire aucune disparate dans son cabinet, où toutes les fresques célèbres sont représentées par des aquarelles. Cependant, la transparence et la légèreté du lavis, si propres à imiter les tons clairs de la fresque, étaient un obstacle à l'imitation des vigueurs ; il a fallu soutenir les ombres par le travail d'un crayon gras, mais ferme, et raccorder le tout de manière que la base de l'aquarelle est devenue un dessin, et que l'œuvre du copiste est maintenant comme serait une excellente gravure, à moitié disparue sous la couleur.

Ce qui a été fidèlement, religieusement reproduit par le dessinateur, c'est l'aspect général des originaux, c'est l'impression qu'on éprouve en

les regardant. Ces peintures, tourmentées ou se-
reines, du Jugement dernier, de l'École d'Athènes et de la Dispute, on croit les voir à distance,
rapetissées et pâlies dans l'éloignement du souvenir. L'*École d'Athènes* nous est rendue avec
toute la douceur de ses tons passés et un peu fa-
nés, formant une brume légère à travers laquelle
apparaissent les sages de la Grèce antique, les
philosophes de l'Académie et du Lycée, les stoï-
ciens du Pœcile, et Socrate écouté par Alcibiade.
Les pâleurs de la fresque ont rejeté ces héros
dans l'Élysée lointain de l'histoire comme dans
une perspective morale. La *Dispute*, au contraire, est encore rayonnante des clartés surnatu-
relles que répand sur les saints docteurs le pa-
radis entr'ouvert, et cette image radieuse vous
ravit jusqu'au troisième ciel, avec saint Augustin,
saint Ambroise, Dante, Pierre Lombard, Savona-
role et les autres personnages de ce concile ima-
ginaire.

Pour le *Jugement dernier*, l'artiste a pris le parti
qu'avait déjà pris Sigalon. Lorsque M. Thiers,
ministre de l'intérieur, lui fit copier pour
l'École des Beaux-Arts la colossale fresque de Michel-Ange, Sigalon ne voulut pas reproduire les

tons enfumés de l'original, semblable aujourd'hui à un immense fusain rehaussé d'un peu de jaune sur du papier bleu sale. Il prit la peine de rechercher, sous les dégradations du temps, les augustes contours du maître, ses expressions maintenant effacées, son modelé devenu illisible en certains endroits. Il se crut obligé de restituer au modèle sa fraîcheur primitive, cette fraîcheur dont témoignent quelques morceaux qui furent copiés du vivant même de Michel-Ange et que le temps a respectés. Nous avons ainsi devant les yeux le Jugement dernier à peu près tel que le virent les Romains, frappés de stupeur, quand Michel-Ange leur découvrit cette effrayante peinture, le jour de Noël 1541.

L'effet que produit la copie monumentale de Sigalon, M. Thiers se l'est ménagé dans son cabinet par une copie semblable, un peu moins vive toutefois, et qui, sous ce rapport, rappelle encore mieux l'exécution de Michel-Ange, car ce maître prodigieux conciliait l'amour du fini et le sentiment de l'harmonie avec l'imagination la plus sombre. Son invention était fière, mais sa touche était suave. Il concevait des êtres formidables, mais il les peignait d'un pinceau tranquille et uni. Par une singularité qui achève de le distinguer des autres peintres, il voulait frapper fortement les âmes et doucement les yeux, de sorte qu'il appliquait un procédé précieux comme la miniature à des figures terribles, à des pensées superbes et violentes.

Ainsi, dans le silence de sa demeure, pendant qu'assis devant son pupitre il laisse courir sa plume sur les champs de bataille de l'empire, l'historien peut d'un seul regard se transporter au Vatican et communiquer avec ces grands hommes dont les ouvrages n'ont coûté au monde aucune douleur, dont le génie n'a fait couler d'autres larmes que celles de l'enthousiasme ou de l'admiration.

Les chefs-d'œuvre connus de la peinture forment, dans le cabinet de M. Thiers, comme une toile de fond sur laquelle se détachent de magnifiques bronzes, dont quelques-uns sont uniques. Les étonnantes sculptures de la chapelle de Médicis y sont représentées par des réductions de la plus grande beauté, finement réparées et d'une chaude patine. Le Jour et la Nuit, le Crépuscule t l'Aurore, ces morceaux fameux, restés en quelques parties à l'état de chaleureuse ébauche, travaillés dans les autres avec une sorte d'emportement farouche qui tourmente les formes et fait ostentation des muscles, sont peut-être plus admirables dans la réduction en bronze que dans le marbre. En petit, la sculpture veut être fouillée; elle admet un modelé ressenti et des accents énergiques; en grand, elle doit être plus simple, plus calme, et se contenter souvent d'une mâle indication des principales attaches. Quand nous les avions vus à Florence, *le Jour* et *la Nuit* nous avaient paru de pures décorations sculpturales, d'un mouvement ultra-maniéré. Elles sont ici moins choquantes que dans le silence d'une chapelle sépulcrale. Mais *l'Aurore* et *le Crépuscule* sont des figures plus facilement osées, plus grandioses dans leur élégance. L'expression de *l'Aurore*, surtout, est saisissante dans la sculpture d'un mausolée ; elle se réveille péniblement du lourd sommeil de la tombe, comme une âme à demi délivrée, tandis que *le Crépuscule* reste couché dans l'attitude du dédain et du repos.

Quant à la statue du *Pensieroso*, qui domine ce monument remué, il appartenait au seul

Michel-Ange de la concevoir. L'idée de jeter la tête dans l'ombre en faisant avancer la visière du casque est une idée de peintre qui touche au sublime. La tête paraît plus méditative dans cette obscurité; les ombres de la mort s'étendent sur la partie la plus noble de la statue, le visage. Le bras droit saillant et la jambe gauche rentrée forment un contraste sans recherche qui ôte toute froideur à la figure. Elle est imprévue sans être affectée ; elle est immobile et silencieuse comme la tombe, mais elle vit encore, puisqu'elle pense.

Il n'est pas d'exagération à laquelle Michel-Ange n'ait été entraîné par le goût de l'inusité et par sa facilité à vaincre le difficile. L'horreur d'être vulgaire lui a fait tourner des têtes de face sur des corps de profil, et placer le coude d'un bras droit sur une jambe gauche. Plutôt que de s'en tenir à une tranquillité banale, il a mis de la violence dans le repos et de l'agitation jusque dans un mausolée. Rien de plus surprenant, de plus émouvant que la Madone inachevée qui est placée dans cette même chapelle des Médicis, entre les tombeaux de Julien et de Laurent. M. Thiers en possède la maquette coulée en bronze à cire perdue. Michel-Ange l'avait donnée à Jean Salviati, évêque de Florence, et elle fut conservée trois siècles par la famille Salviati, qui s'éteignit vers 1830, dans la personne d'un cardinal. Le peintre Camuccini ayant acheté ce bronze, le céda gracieusement à M. Thiers au prix d'acquisition. C'est une esquisse heurtée où frémit encore le pouce du maître; elle contient tout Michel-Ange et la quintessence même de son génie. De pareils morceaux devraient être à la galerie de Florence ou au Louvre, et volontiers on en demanderait l'expropriation pour cause de jouissance publique. La Madone de Michel-Ange n'est pas tendre, naïve et un peu pensive comme celle de Raphaël; elle est animée d'un sentiment inexprimable de tristesse altière et sombre. Elle n'a rien de la douceur d'une vierge ni de la tendresse d'une mère. Il semble que sa divinité hautaine répugne à la vulgarité des soins maternels, ou que le pressentiment du Calvaire lui fasse peur d'un sourire. Même dans cette action de l'allaitement où toutes les mères ont de la grâce, elle laisse voir une bouderie des lèvres, je ne sais quelle moue divine dont l'accent n'avait encore jamais paru ni dans la peinture ni dans le marbre. Sa tête, penchée comme celle du *Pensieroso*, s'enveloppe d'ombre, et sa draperie, serrée sur les formes qu'elle recouvre, ne donne que des plis rares et d'un grand goût. L'enfant étant suspendu à la mamelle de la Vierge, ne nous montre que la nudité de ses flancs robustes, et, moyennant ce beau sacrifice, toute l'attention se porte sur un seul visage ; tout l'intérêt s'y concentre ; l'émotion est grande et forte parce qu'elle est une.

Heureux qui peut vivre constamment en compagnie de ces hommes incomparables qui nous ont laissé dans leurs ouvrages la partie la plus subtile et la plus noble d'eux-mêmes, la pure essence de leur âme ! En présence de ces amis toujours fidèles, qui restent imposants par le génie, même en devenant familiers par l'habitude, on doit retrouver chaque jour la sérénité de l'esprit ; on doit contracter une certaine grandeur dans le langage comme dans les pensées, et il me semble que l'écrivain, entouré de ces maîtres illustres, doit prendre sa part de leur éloquence et régler son cœur sur ces modèles.,.

M. Thiers, encore une fois, préfère de beaucoup le souvenir d'un chef-d'œuvre consacré à la possession d'un de ces objets inconnus et rares que les curieux se montrent avec orgueil. L'idée d'avoir des copies ou des réductions ne lui répugne pas : au contraire, pourvu que ce soient des réductions ou des copies d'après les plus belles choses du monde, et pourvu qu'elles arrivent à ce degré d'approximation qu'il a fini par atteindre. Il y a quelques années, l'ancien ministre eut la permission de faire reproduire en petite dimension la statue équestre de Colleone, qui se dresse à Venise sur la place Saints-Jean-et-Paul. Cette copie a été réussie à merveille, sur des mesures prises à l'échelle d'un cinquième environ. L'artiste, au moyen d'un échafaud, a pu voir de près les accents de ce modelé robuste et voulu, qu'il fallait restituer, dans une copie réduite, avec toute son énergie.

Nous avons pu récemment vérifier, en visitant Venise pour la seconde fois, combien était parfaite, sous le rapport du caractère et de l'exécution, la copie du Colleone. Au milieu de cette cité malheureuse dont les palais abandonnés tombent maintenant en ruines et déchirent leurs vêtements de marbre, le monument de Verocchio est encore intact, après quatre siècles, sur le charmant piédestal de Léopardo, si élégamment orné de médaillons et de colonnes engagées. On croit voir une image menaçante de la République vénitienne dans la statue en bronze de ce héros terrible. La poitrine étant sur un autre plan que la tête, donne à la figure un mouvement de fierté farouche et roide. Le visage aquilin a toute l'âpreté du commandement; c'est celui d'un guerrier qui, vivant, fut de bronze comme aujourd'hui. On le prendrait pour Dante à cheval.

Malgré la libéralité naturelle de son esprit, M. Thiers est en fait d'art un *curieux* dans la force du mot, un amateur jaloux qui goûte vivement le plaisir d'une propriété exclusive et qui recherche parfois, tout comme un autre, le piquant de la rareté. Après avoir fait couler en bronze la réduction du Colleone, il en a fait briser le moule, de sorte qu'il en possède un exemplaire absolument unique dont lui seul et ses amis peuvent jouir. « Cette fois, disions-nous à M. Thiers, ce n'est pas seulement l'amour de l'art qui vous a conduit, c'en est aussi l'amour-propre. » Le mot l'a fait sourire sans le blesser, mais sans lui arracher non plus aucune marque de repentir.

Tous nos grands amateurs de bronzes et de curiosités connaissent M. Thiers, et aucun d'eux n'est jaloux de lui. Tous ont eu occasion de lui faire ou d'obtenir de lui une concession gracieuse aux enchères les plus chaudes. Rival aimable, enfant gâté de la fortune, M. Thiers a dû quelques pièces admirables, tantôt au suprême talent de désarmer ses adversaires, tantôt à la chance de bien rencontrer, de voir vite et de n'hésiter point. C'est ainsi qu'il a enrichi son cabinet de quelques bronzes extrêmement rares, connus dans la curiosité pour leur finesse, leur beauté et leur provenance, tels que le *Mime antique* de la collection Denon ; la *Vénus marine* qui appartenait à M. de Monville ; deux *Enfants*, l'un qui joue avec un serpent, l'autre avec une oie; un petit *Satyre* qui se gratte la jambe et qui tient un cornet à bouquin; un buste plein de naturel et de vie, par Ghiberti ; une Vénus florentine de la Renaissance, debout et entièrement nue, imitation éloignée des Vénus grecques ; enfin, un tout petit buste antique d'Anacréon, dont l'expression est vivement sentie et qui semble re-

présenter le poëte au moment où il invoque l'i-
vresse du vin et de l'amour.

Le *Mime* est un bronze doublement précieux :
précieux comme objet d'art, par la justesse du
mouvement, ou, pour mieux dire, de la saltation

comique, par le bon goût de la draperie qui
serre le torse et par la souriante physionomie
de la tête penchée ; précieux comme renseigne-
ment archéologique, sous le rapport du jeu
scénique et du costume. La *Vénus marine* est
un des plus magnifiques bronzes qu'on puisse
voir. Il a 57 centimètres de long sur 32 de
hauteur, et il appartient, selon toute apparence, à l'école de Michel-Ange. On pourrait l'at-
tribuer à Guillaume della Porta. La déesse est
assise ou plutôt couchée, avec abandon et avec
grâce, sur un monstre fantastique, moitié bouc,
moitié poisson.

Tout son corps est couvert d'écailles jaunissantes ;
Bouc lascif et dompté, dragon voluptueux,
Sa croupe se recourbe en replis tortueux.

Le monstre de l'artiste florentin n'est pas me-
naçant comme celui de Racine ; il est, au contraire, subjugué par la lubrique Vénus dont la
chevelure se confond avec la barbe limoneuse
du bouc chimérique. Deux Amours qui se jouent
sur la queue ondoyante du monstre remplissent
la partie supérieure du fond; mais, comme le
relief en est discret, ils laissent avancer au premier plan la figure principale, sculptée en haut

relief. Cette belle figure, dont le modelé savant est accentué sans petitésse et calculé pour les effets du bronze, me rappelle, par son style et son exécution, une des allégories qui décorent le mausolée de Paul III, à Saint-Pierre de Rome, la statue qui, sous prétexte de symboliser la Justice, présente des formes si sensuelles qu'il a fallu en effacer la provocation sous une draperie décente. Tout concourt à faire valoir la chair compacte et polie de la déesse anadyomène : les plis fouillés de l'écharpe et les plis de l'onde, la surface grenue du fond, le pelage velu du dragon et ses cornes striées, les ailes pennées des deux Amours. Rien ne convient mieux, du reste, que le bronze à une composition marine. Les figures paraissent humides, comme si elles sortaient de l'eau ; le jour y étend des traînées lumineuses sur les grands plans ; il égaye les ombres par des reflets qui font tourner les rondeurs ; il prête aux formes une sorte de vie frémissante et un éclat prestigieux qui rappelle les miroitements de la mer. La *Vénus marine* est traitée avec morbidesse, mais d'un ciseau ferme. L'exécution conserve de l'ampleur tout en pénétrant dans les menus détails ; elle est énergique et souple, contenue et chaleureuse tout ensemble.

Des bronzes! M. Thiers en possède de quoi faire un petit musée. Il en a de grecs et de romains, de florentins, de français et de chinois. N'ayant pas dans ses aquarelles la touche des peintres, il s'en est dédommagé en possédant la touche des sculpteurs. La plupart de ces bronzes mériteraient une mention particulière et même les honneurs de l'illustration, notamment une figure de *Mercure*, de Rude, et deux têtes antiques de mulets (récemment découvertes à Vienne en Dauphiné) qui terminaient les bras d'un fauteuil; mais l'espace nous manquerait pour signaler tout ce qui est digne ici d'être admiré. Cependant, à côté de la statue équestre de Colleone, qui garde ses proportions colossales relativement aux autres bronzes du cabinet, il est impossible de ne pas distinguer un modèle ravissant de cavalier, que M. Thiers attribue, non sans quelque raison, à Léonard de Vinci. Le cheval est un peu court et le train de derrière ne paraît pas suffisamment balancer l'importance du poitrail et surtout celle de l'encolure; mais l'écuyer — il a l'air d'un jeune patricien romain associé à l'empire — est assis sur sa monture avec une aisance et une grâce très-légèrement maniérées qui rappellent assez bien le grand artiste, et qui d'ailleurs n'ont rien que de charmant dans une statuette traitée en esquisse. La tête du cheval est tout à fait semblable pour l'expression à une autre tête tracée à la plume par Léonard, et dont le dessin magistral et incontestable appartient à M. Émile Galichon. Ce sont les mêmes proportions, c'est le même sentiment de la vie avec la même dignité et le même feu. Quoi qu'il en soit, on ne peut prononcer qu'un grand nom en présence de ce petit morceau.

Léonard de Vinci aimait les chevaux avec passion ; il les connaissait en écuyer autant qu'en sculpteur et en peintre. Vasari nous apprend que l'équitation était l'exercice favori de ce grand homme, et que, même dans ses moments de détresse, Léonard ne put jamais se résigner au sacrifice de ses chevaux : *non avendo nulla, del continuo tenne servitori e cavalli.* Non content d'improviser divinement sur la lyre et d'être à ses heures un incomparable maître d'armes, il n'avait pas son pareil dans l'art de monter et de conduire avec grâce les coursiers les plus fougueux. Deux fois il eut occasion d'étudier l'anatomie du cheval : la première fois, à Milan, quand il fut chargé par Louis le More de modeler la colossale statue équestre de Francesco Sforza; la seconde fois, à Florence, lorsqu'il dut se mesurer avec le jeune Michel-Ange et décorer, en concurrence avec lui, la salle du Grand-Conseil. Léonard étudia le cheval comme il étudiait toute chose,

c'est-à-dire à fond. Il voulut savoir avec précision la place et le jeu de tous les muscles, le secret de chaque attitude, le principe de chaque mouvement. Il écrivit même un traité de l'anatomie du cheval, mais ce livre dont ses contemporains ont parlé s'est perdu, hélas! comme tant d'autres ouvrages de sa main.

Selon toute apparence, le dessin de Léonard que possède M. Thiers fut fait à l'époque où le peintre méditait la composition de sa *Bataille d'Anghiari*. Sachant que Michel-Ange n'était pas le moins du monde familier avec les formes du cheval, — il l'a bien prouvé depuis, — Léonard espérait par là vaincre son rival, et c'est pour cela qu'il peignit un combat de cavalerie, ce combat fameux dont un fragment est arrivé jusqu'à nous, mais complétement défiguré, dans l'estampe d'Edelinck. Tandis que le carton de Michel-Ange nous était conservé, du moins en partie, par une gravure de Marc-Antoine, le carton du Vinci passait par les plus malheureuses transformations. L'original ayant disparu dans la première moitié du seizième siècle, ce fut d'après une copie que Lucensi grava le carton, et plus tard, quand Gérard Edelinck burina d'une main si savante l'épisode des cavaliers se disputant un drapeau, ce fut encore d'après la copie d'une copie très-librement dessinée par Rubens d'après une première copie. Voilà comment la composition de Léonard a perdu son vrai style. De florentine, elle est devenue flamande, je veux dire que le vin généreux de la Toscane s'est changé en cervoise, et si le feu de l'action ne s'est pas amorti sous le crayon de Rubens, il faut convenir que les formes se sont étrangement engorgées et alourdies. L'animation des chevaux n'est plus dans la gravure qu'une chaleur bestiale, et les combattants eux-mêmes semblent engagés dans une mêlée où le tempérament, le sang et les viscères ont plus de part que l'âme et le courage.

C'est donc un morceau inappréciable que le dessin de M. Thiers, parce qu'il nous montre le génie de Léonard, non plus à travers une infidèle traduction, mais dans son aspect le plus intime et dans sa vérité irrécusable. Il y a longtemps que nous avions vu ce dessin héroïque. Il appartenait autrefois au plus grand connaisseur de l'Angleterre, M. Tiffin, marchand d'estampes, alors établi à Londres dans le Strand. Il fallait être grandement de ses amis pour qu'il consentît à le laisser voir, et il ne le céda qu'à un grand prix... Il semble que Léonard ait voulu prouver ici du même coup la science profonde qu'il avait acquise, non-seulement de l'anatomie du cheval, mais de l'anatomie humaine, et que, songeant au savoir prodigieux que possédait son rival, il ait voulu s'assurer de tous les mouvements avec une exactitude irréprochable, sauf à revêtir ensuite d'armures et de costumes ces écorchés combattants, fuyants, furieux, renversés, désarçonnés. Pour nous, qui avons sous les yeux les croquis gravés par Gerli et qui avons passé des journées entières à étudier les dessins de Léonard à l'Ambrosienne de Milan et à l'Académie de Venise, nous pouvons affirmer qu'il ne s'y trouve rien d'aussi merveilleux, en fait de chevaux, que ce combat fantastique. Sans même parler du style, on peut dire que personne à Florence n'était alors en possession de dessiner des chevaux avec une si parfaite connaissance de leur anatomie, — Donatello et Verocchio étant morts, — ni Michel-Ange, ni Raphaël, ni André del Sarte, ni Fra Bartolommeo. Aussi Lodovico Dolce dit-il, en parlant de Léonard, qu'il était surprenant dans l'art de modeler et de peindre les chevaux, *stupendissimo in far cavalli*.

Quelques-uns de nos lecteurs en jugeront d'après la gravure en fac-simile, tant soit peu réduite, qui accompagne le présent travail dans la *Gazette des Beaux-Arts*.

M. Thiers pense que ces croquis furent dessinés pour répondre à une pensée souvent expri-

mée par Machiavel, que l'infanterie l'emporte-
rait à la fin sur la cavalerie, en d'autres termes,
que la noblesse serait un jour vaincue par les
plébéiens. C'est aussi l'interprétation qu'en
donna l'expert dans le catalogue de la vente où
M. Thiers acheta le dessin; mais il nous paraît,
après toute réflexion, qu'il faut y voir une première pensée, une légère ébauche du carton de
Florence. « Il était facile de prévoir, dit M. Rio,
qu'ayant à représenter une bataille, Léonard
saurait y introduire son animal favori, non plus
servant de monture à celui dont le coup d'œil
décide de la victoire, mais se ruant avec fougue
au milieu de la mêlée, et paraissant moins obéir
à son cavalier que partager son impatience de
vaincre. On possède encore quelques-uns des
dessins par lesquels il préluda à la composition
du carton, et l'on y voit des chevaux de bataille
à tous les degrés d'animation, rendus avec une
verve qui n'a jamais été surpassée. »

Mais qui eût pensé que l'auteur de la *Sainte
Anne* et de la *Joconde*, un peintre si délicieux dans
les harmonies du mode mineur, s'élèverait tout
à coup à des ouvrages d'une telle bravoure, qu'il
passerait d'une image où respire tant de douceur

et de rêverie, à la peinture de ces cavaliers et de ces chevaux ivres de fureur, qui se précipitent, se heurtent, se mordent, se déchirent ou s'écrasent, en poussant des hennissements et des cris que semblent répéter les monstres ciselés sur les harnais et sur les cimiers?...

On le voit, M. Thiers n'a sous les yeux que les œuvres des grands maîtres, des maîtres parvenus à l'apogée de la Renaissance. Quant aux primitifs, ils sont représentés dans ses portefeuilles par de merveilleuses copies. Deux artistes qui ont au plus haut degré l'intelligence de l'art florentin, MM. Henri Delaborde et Haussoullier, avaient passé plusieurs années à copier les tableaux et les sculptures des maîtres qui florissaient en Toscane au quinzième siècle, depuis Lorenzo dei Bicci jusqu'à Léonard inclusivement. Ils s'étaient attachés de préférence aux morceaux peu connus et non gravés, quelquefois à ceux que les voyageurs ne voient pas facilement et qui auraient pu périr oubliés ou inédits. Dans le nombre, nous signalerons les sculptures du tombeau des Médicis, par Verocchio; le mausolée d'Orlando de Médicis, par le frère de Donatello; celui de Leonardo Aretino à

Sante Croce, par Desiderio da Settignano; les faïences de Luca della Robbia dans la chapelle du cardinal de Portugal, à San Miniato; ensuite les fresques de Filippo Lippi dans la cathédrale de Prato; les fresques de Paolo Uccello dans le Chiostro Verde, à Santa Maria Novella; une figure de sainte Lucie, par Domenico Veneziano; une figure de saint Pierre, par Antoine Pollaïuolo; les petits tableaux de Fra Angelico, à Cortona; un vitrail de Ghirlandajo, et enfin quelques fragments de la *Cène* de Léonard.

Toutes ces fresques, toutes ces sculptures avaient été rendues avec la fidélité la plus rare dans des aquarelles d'une exquise délicatesse, où les vieux Florentins revivaient avec la profondeur de leur sentiment et la saveur de leur naïveté, avec leur énergie, leur émotion, leur tendresse... M. Thiers acheta cet album vingt fois précieux, et il put ainsi se donner le plaisir de comparer le génie accompli des grands maîtres avec ly génie naissant des précurseurs.

Il y a, parmi les trésors de l'art et de la curiosité, des richesses qu'il faut avoir toujours sous les yeux pour entretenir le feu sacré dans son âme, de même que les femmes de Sparte plaçaient dans les gynécées des figures de Castor et de Pollux pour concevoir de belles formes et donner le jour à de beaux enfants. Mais il est des choses qu'il importe de ne pas voir à toute heure, du matin au soir, parce qu'on finirait par se blaser sur le plaisir qu'elles font. Une collection de dessins et d'estampes est mieux placée, par exemple, dans des portefeuilles que sous verre, sans compter que l'exiguïté de nos demeures y rend impossible une permanente exhibition de gravures, quand même on n'admettrait à cet honneur que les plus fameuses, — à moins pourtant qu'on ne possède, comme Victor Schœlcher, à Chelsea, près Londres, des milliers d'épreuves encadrées qui peuvent, par leur nombre, renouveler sans cesse la joie de l'amateur.

Nous avons vu M. Thiers enchérir dans les ventes les estampes des maîtres, mais seulement des grands maîtres ; encore a-t-il fait un choix dans l'œuvre de chacun. Marc-Antoine, Albert Dürer, Lucas de Leyde, Rembrandt, Ostade, Karel Dujardin, Paul Potter, Van de Velde, Claude Lorrain, Callot, Abraham Bosse, Van Dyck, Hollar... ils sont tous présents dans les cartons de M. Thiers,

Il a, de Marc-Antoine, les Grimpeurs, la Cassolette, la Petite Peste, la Poésie, Alexandre qui enferme dans une cassette les livres d'Homère, et une épreuve de la Bacchanale d'après Jules Romain, épreuve splendide, rarissime, qu'il acheta dix-huit cents francs à la vente de M. de la Salle; il a, de Rembrandt, la Pièce de cent florins, le Christ présenté au peuple, les trois Croix, la Médée, la Jeunesse surprise par la Mort, la Petite Tombe, certains paysages introuvables, et plusieurs de ses *gueux* si grotesques et pourtant si tristes, et quelques-uns de ses griffonnements parfois si étranges ; il possède d'Albert Dürer la Mélancolie, le Cheval de la Mort, le Cavalier et la Dame, le Saint Hubert, et ses armoiries et ses *Songes*, comme les appelait Mariette ; il s'est procuré les pièces les plus recherchées de Lucas de Leyde, le Virgile dans un panier, la Laitière, la Danse de la Madeleine, l'*Ecce homo*...

Toutes ces estampes sont en épreuves de remarque et presque toujours du premier état. Mais M. Thiers ne s'est pas attaché uniquement aux raretés piquantes, aux singularités que recherchent avec passion les curieux ; il s'est naturellement abandonné à sa prédilection pour les morceaux historiques, et il s'est composé avec les gravures de Thomas de Leu et de Goltzius, avec les eaux-fortes de Van Dyck, les pointillés de Morin, les burins de Nanteuil, de Masson et d'Édelinck, les manières noires de Richard Earlom, les grignotis de Grateloup et les aquatintes de la Révolution, une galerie de personnages illustres aussi belle et aussi nombreuse que celle de M. Cousin : ce n'est pas peu dire. Dans les suites de Trouvain et d'Abraham Bosse, dans les Batailles et les Siéges de Callot, dans ses Foires, ses Supplices, dans ses grandes et petites Misères, ses Joutes, ses Caprices, ses *Balli*, l'historien a vu les mœurs, les coutumes, la physionomie physique et morale du grand siècle, et nous croyons savoir que M. Thiers trouvera un moment pour mettre en écrit les observations que lui ont fournies ces maîtres naïfs, qui pensaient n'être que des artistes et qui, sans le savoir, ont tenu la pointe du chroniqueur, souvent même le burin de l'histoire.

Il en est des dessins comme des gravures : c'est seulement à certaines heures de recueillement et de paix qu'il convient de les regarder. Quand ils sont écrits à l'encre de Chine ou lavés en couleur et rehaussés de blanc au pinceau, les

dessins craignent le soleil, qui, peu à peu, dé-
colore le lavis, dévore les tons, et, salissant les
blancs, change les rehauts de clair en taches
d'ombre et fait tout voir à contre-sens. Il est
donc convenable de garder en portefeuille les
dessins des maîtres. Ces dessins, d'ailleurs, ont
quelque chose d'intime qui se refuse à la solen-
nité d'un encadrement et ne demande d'autre
lumière que le demi-jour, d'autre apprêt qu'une
monture élégante. J'ai connu un amateur qui,
avant d'ouvrir ses cartons de dessins, fermait sa
porte à double tour.

Ce que l'on peut sans crainte mettre en évidence, ce sont les ivoires; mais il importe de
les maintenir dans un air frais, parce que la sé-
cheresse de l'atmosphère les gâte. Au pied de la
statue de Minerve, qui était d'or et d'ivoire (celle
du Parthénon), les Athéniens entretenaient de
l'eau dans un bassin pour assurer la conservation de l'ivoire par la fraîcheur et l'évaporation
de l'eau. Les ivoires qui ornent le cabinet de
M. Thiers ne sont jamais exposés aux rayons di-
rects du soleil; mais ils ont reçu du temps ce ton
jauni et cette patine dorée qui les rendent plus
chauds, plus doux à l'œil.

Au nombre des ivoires dont nous parlons se trouve un morceau capital, un Saint-Sébastien par Alonzo Cano. Le saint est attaché à un arbre et il se tord dans les convulsions de la douleur; la contraction de ses muscles, le frémissement de tous ses membres endoloris, l'expression de son visage, le gonflement de ses mains, la crispation de ses pieds, tout cela est rendu avec une science profonde et avec une énergie qui serait excessive dans le marbre d'une statue grande comme nature, mais qui est permise dans une sculpture de petite dimension. Pour que l'ivoire soit suffisamment modelé, il faut qu'il le soit un peu trop, parce qu'une matière aussi luisante et aussi susceptible de recevoir des reflets absorberait bien des accents si l'artiste ne les avait ressentis. A en juger par cet échantillon, Alonzo Cano fut un sculpteur très-habile et qui sut manier le ciseau avec bien plus de sentiment qu'il ne maniait la brosse. M. Thiers, après avoir acheté en Espagne l'ivoire de Cano, qu'il avait rapporté en France sans piédestal et sans accessoires, a fait sculpter à Paris, sur ses indications, le socle et l'arbre auquel la figure du saint est attachée. C'est un ouvrage conçu avec goût, exécuté sur bois avec beaucoup de soin, mais avec une rudesse tout exprès ménagée pour laisser mieux voir les finesses et le poli de l'ivoire.

Nous le disions en commençant, la pensée de M. Thiers pourrait et devrait être celle qui dirigerait un gouvernement dans la fondation d'une galerie monumentale. Il n'est plus possible aujourd'hui à une nation de se renfermer dans ses limites, d'ignorer la langue, les sentiments et les arts des peuples les plus éloignés d'elle, de ceux qu'elle regardait comme des étrangers ou des sauvages. A force de tourner autour du soleil, notre planète use ses angles et elle tend de plus en plus à la forme parfaitement sphérique, image géométrique de l'unité. Chaque homme est sur la terre comme la continuation d'un rayon du globe qui, en se prolongeant en sens contraire, va rejoindre un autre homme, de sorte que les antipodes, se touchant par les extrémités d'un même diamètre, se rattachant au même centre, tournent sur le même axe d'idées et ne diffèrent réellement que par le contingent des formes et des apparences.

Les vrais barbares, c'est M. Thiers qui parle, sont ceux qui appellent les autres des barbares, ceux qui pensent avoir le privilége exclusif de l'art et le monopole du beau. On a trouvé, en lisant le sanscrit et le chinois, des poésies admirables : croyez-vous qu'une contrée puisse avoir des poëtes sans avoir des peintres ? En respectant la hiérarchie qui assigne le premier rang aux artistes grecs, il faut ouvrir les portes à tout le monde, admettre chaque peuple à montrer les œuvres de son esprit, et se bien persuader que chacun a les siennes. Dieu n'a déshérité, en effet, aucune partie de l'univers. Telle contrée possède le sentiment de la forme, telle autre le sentiment de la couleur. Ceux-là ont reçu en partage la grandeur des pensées, ceux-ci la beauté des matières. Les uns excelleront dans la représentation des figures, les autres dans l'invention des ornements, et sous les latitudes où l'humanité n'aurait pas suffi peut-être à se créer les jouissances et les consolations de l'art, la nature est entrée gracieusement en collaboration avec l'homme, en lui fournissant des substances admirables, des colorations éblouissantes, des matériaux qui attendent et provoquent le génie de l'ouvrier.

Plein de ces idées, M. Thiers s'est composé

un cabinet cosmopolite, et, bien avant notre
expédition de Chine, il avait satisfait sa passion
philosophique pour les arts de l'Asie orientale.
Les Chinois, nous disait-il, n'ont pas, à propre-
ment parler, de peinture publique : l'art chez
eux est toujours intime et familier. Sans doute,
non contents de décorer des vases ou d'orner des
meubles, ils font quelquefois des peintures historiques, mais le mot *historique* ne doit pas se
prendre ici dans le sens où nous le prenons. Ils
ne peignent point sur les murailles des personnages de grandeur naturelle ; généralement, ils
peignent en petites dimensions sur des rouleaux
qui peuvent s'étendre indéfiniment en longueur,
mais qui ne dépassent pas en hauteur celle de
nos livres in-folio. Ces rouleaux sont des bandes
de soie étendues et collées sur des bandes de
papier. Le long de ces tissus délicats se déroule,
tantôt un interminable tableau de mœurs, tantôt
la représentation des faits et gestes de tel prince
ou de tel mandarin, tantôt une foule innombra-
ble engagée dans les plaisirs d'une fête. Plusieurs de ces rouleaux rapportés par la famille
de Guignes, qui longtemps a fourni, de père en
fils, des consuls de France en Chine, sont maintenant en la possession de M. Thiers. Il en est

qui remontent au dixième siècle de notre ère,
d'autres qui datent du dix-huitième ; quelques-
uns appartiennent à des temps intermédiaires.

On peut reconnaître, en examinant de près
ces diverses peintures, que les lois de l'esprit
humain sont au fond toujours et partout les
mêmes. Lorsque l'art en est encore à son origine
ou à sa renaissance, les formes sont roides, les
contours secs, les intentions naïves. C'est l'époque correspondante à celle qu'ont illustrée les
peintres italiens, depuis Giotto jusqu'à Pérugin.
L'école arrive ensuite à son épanouissement;
elle brille de son plus vif éclat, elle a ses Raphaël. Puis viennent les savants, les rhéteurs,
comme qui dirait les Carrache. Enfin la déca-
dence se déclare, les formes s'altèrent, les sentiments se dénaturent : c'est l'époque de la so-
phistication, de la prétention et du maniérisme.
Ces phases successives sont sensibles, du moins
pour les raffinés, même dans la peinture chi-
noise, bien qu'elle soit assujettie plus que les autres à l'empire des types consacrés, au poncif,
à la routine.

Le plus ancien des rouleaux en question développe l'histoire d'un empereur qui s'occupa d'améliorer, par des croisements, la race de ses chevaux. Rien de plus naturel que le tableau du haras impérial; les étalons y sont peints dans les attitudes les plus variées et les plus vraies, celui-ci raclant le sol avec la pointe de son sabot, celui-là allongeant le cou pour s'abreuver, cet autre se grattant l'oreille, quelques-uns vus de croupe ou de face dans les plus difficiles raccourcis. Les têtes sont vivantes et belles; les jambes sont menues et les formes un peu bou dinées; mais l'on sent bien que ces défauts tiennent plutôt à la nature de l'animal dessiné qu'à l'insuffisance du dessinateur. Plus loin, en allant de droite à gauche, comme l'on fait pour lire les écritures chinoises, on voit venir un amateur de distinction à qui l'empereur montre ses écuries, et ces figures sont dessinées avec une sûreté, un aplomb et même une ampleur tout à fait remarquables.

Sur un second rouleau est retracé le voyage de Lao-tseu à la recherche des idées indiennes. « Le motif de ce voyage, comme l'observe M. Pauthier, dut être le même qui conduisit Pythagore dans l'Inde et, plus tard, Platon en Égypte, c'est-à-dire l'amour de la sagesse, l'espérance de trouver des doctrines plus hautes, plus pures, plus propres à satisfaire la soif de connaître qui anime les grands hommes et leur passion pour le bonheur de l'humanité. »

Lao-tseu est représenté dans un costume qui a beaucoup de rapport, chose singulière, avec celui des cardinaux romains, sauf que son chapeau et son habit sont d'une couleur bleu céleste, au lieu d'être pourpre. Le doux visage du philosophe respire la sainteté. Il est monté sur un buffle, tandis que les gens qui le précèdent ou l'accompagnent sont montés sur des mulets ou sur des chevaux. Le paysage, coupé de ravins, hérissé de sapins et de rochers, est d'une sauvagerie superbe. Lao-tseu est censé franchir la frontière occidentale et toucher au territoire de l'Inde. Toutes les figures sont variées d'expression, délicatement peintes et très-naïves de mouvement, soit qu'elles mènent les montures, soit qu'elles portent les bagages, les livres et les lanternes. Il serait difficile de rencontrer des animaux mieux saisis dans leurs allures, dans leur marche haletante, dans leur fatigue, mieux caractérisés dans leur physionomie. Quant à la

nature qui sert de cadre à cette caravane philosophique, nos meilleurs paysagistes désespére-
raient de la rendre avec une telle intensité de
tons et une telle harmonie. Personne, je crois,
ne saurait dégager autant de poésie de la pure
et stricte vérité.

Mais M. Thiers nous a fait voir un troisième
rouleau, plus étonnant encore par le nombre et
la richesse des compositions, par la splendeur
adoucie et attiédie des couleurs, par le fini de
l'exécution, et par le caractère à la fois réel et
fantastique des personnages qui s'y groupent et
s'y suivent, sur une longueur de quinze à vingt
mètres. C'est une peinture allégorique, figurant
la revue de l'empire par le célèbre empereur
Khian-long, contemporain de Louis XV et de
Louis XVI, et le plus sage des empereurs qui
ont gouverné la Chine. Il est sur un char attelé
de dragons. Une cour brillante lui fait cortége,
et il marche solennellement à la poursuite des
Vices, symbolisés par des animaux aquatiques
nageant à la surface des eaux, ou à demi cachés
par les vagues qui les emportent. Ici des bonzes
exorcisent ces animaux diaboliques. Là des pê-
cheurs leur lancent des harpons formidables,

les percent de dards ou les traînent déchirés sur le rivage. Des tortues extraordinaires, d'affreux cachalots, des monstres antédiluviens, des reptiles aux écailles jaunissantes et à la gueule enflammée, symbolisent par leurs formes hideuses toutes les horreurs morales; mais l'artiste les a dessinés avec une précision merveilleuse et avec une patience qui ne refroidit pas l'énergie de la représentation. La couleur n'a plus ici la violence des peintures primitives; elle est riche, mais douce et blonde; elle présente des localités curieuses, des rehauts d'or et d'argent et des variétés de nuances à l'infini; mais le tout est ramené à une harmonie claire, caressante et fine.

Il va sans dire que le peintre a mis tous ses soins à faire valoir les costumes de soie, les tentures chamarrées, les bossages du char, la damasquinure des armes, et les vases que portent les jeunes filles, et les bannières que déploient les grands dignitaires de l'empire, dans cette marche pompeuse sur l'océan des vices, marche tout à fait semblable d'ailleurs à nos processions européennes.

Étrange peuple et vraiment unique! Plus vieux que tous les autres, il est néanmoins le plus enfant de tous. On ne connaît pas de nation, en effet, qui soit placée à la fois plus loin et plus près des origines humaines. Dans l'art du Chinois, la nature est toujours de moitié. L'antiquité classique, comme nous le disait M. Thiers, tenait à ce que l'ouvrage surpassât la matière, *materiam superabat opus*; en Chine, au contraire, la matière rivalise avec l'ouvrage ou l'éclipse en beauté. Un des précieux albums rapportés par la famille de Guignes contient une suite de peintures exécutées sur les feuilles de quelque arbre indigène dont j'ignore le nom. Chaque feuille, aplatie dans l'album comme elle le serait dans un herbier, a été poncée et unie jusqu'au point où, le parenchyme ayant disparu, il n'est resté que les nervures. A travers cette trame naturelle, l'œil aperçoit, au milieu d'une campagne riante ou abrupte, les fameux anachorètes de la Chine. Celui-ci est plongé dans sa lecture, celui-là interrompt sa méditation pour prêter l'oreille à la chute d'un torrent ou au bruit de l'orage. L'un vit en compagnie d'un lion, comme saint Jérôme; l'autre est assisté d'une antilope qui le regarde fixement, comme si la bête faisait effort pour s'élever à la pensée de l'homme.

Il y a dans cet album de quoi ouvrir pour la vie l'imagination d'un enfant, et Rousseau en tomberait d'accord, lui qui recommandait à son jeune élève la lecture de *Robinson*. Mais quelle idée ingénue et singulière que celle de peindre ces solitaires et ces solitudes à travers une feuille morte qui laisse transparaître toute la vie du paysage! Il semble que l'arbre a détaché ses feuilles une à une pour servir de gaze aux tableaux de l'artiste.

Il faut en convenir, le peintre chinois aux prises avec le détail est au moins un ouvrier incomparable. Ses figures, dessinées sur papier de riz ou de bambou, le disputeraient en finesse à Holbein. Ses bouquets ont une fraîcheur qui ferait envie à Van Huysum et à Redouté. Ses animaux, ses oiseaux ont une vérité d'allure ou de vol, de pelage ou de plumage, que n'ont pas dépassée les Hollandais les plus illustres. Ses paysages sont autant de fenêtres ouvertes sur la nature même. Avec tout cela, le Chinois possède une imagination extraordinaire; il a du goût pour les scènes fantastiques, il invente des monstres,

il peint avec délicatesse et vérité des êtres chi-
mériques, il est plein de réalisme dans la représentation de ce qui n'a jamais existé !

Pourquoi donc nous répugne-t-il d'appliquer
le nom d'artistes à cette race d'ouvriers patients
et merveilleux ? C'est que l'art est une création
du cœur autant que de l'esprit. Il est, dans un
pays, le produit d'une croyance commune et non
d'une fantaisie individuelle. Destiné à nous faire
entrevoir l'infini sous le voile de la réalité, le
monde invisible à travers le monde des phéno-
mènes, l'art, dans sa haute acception, est né-
cessairement enfanté par le sentiment religieux.
Il ne saurait donc exister, du moins à un degré
supérieur, chez un peuple sceptique et frivole
qui n'a pour temples que des kiosques et pour
divinités que des magots. Sa vénération est de la
curiosité, son observation est de l'ironie; on dirait qu'il se moque tout le premier de ses pago-
des grimaçantes et de sa mythologie qu'il fait
cuire au four. Comme tous les peuples sensuels,
le Chinois excelle dans le mariage des couleurs,
qui est la volupté des yeux; mais il ne voit dans
la peinture qu'une décoration, et il n'admire
rien tant que les tours de force en fait de sculp-

ture. Comment d'ailleurs l'idée du beau pour-
rait-elle se perfectionner parmi des hommes qui,
depuis des siècles, ont placé leur idéal dans le
développement ou la dépression des viscères, qui
n'estiment les dieux et les humains qu'autant
qu'ils sont charnus et ventrus, qui veulent, chez
les femmes, une minceur impossible, et chez les
maris un embonpoint contre nature ?...

Voilà ce que nous dit la philosophie de l'art, et
voilà ce que M. Thiers comprend, après tout,
mieux que personne. Aussi a-t-il eu soin de placer en évidence dans son cabinet quelques figurines grecques et des copies en marbre d'après
l'Apollon Sauroctone et le Joueur de flûte, afin
(nous disait-il) d'avoir à sa portée l'étalon du beau,
« car il ne faut pas s'aventurer sur cet océan des
innombrables variétés de l'art humain sans
avoir préalablement jeté l'ancre aux endroits
sûrs. »

Les figures grecques que M. Thiers appelle
l'étalon du beau, ce sont, disons-nous, des copies réduites en marbre d'après des antiques célèbres et aussi quelques terres cuites de la plus
rare beauté. En fouillant le sol de l'Attique et

des îles de l'Archipel, on trouve, aujourd'hui encore, de petits masques tragiques, satiriques ou grotesques, des têtes de femmes élégamment coiffées [1] et des figures entières, grandes comme la main, qui accusent voluptueusement toutes leurs formes sous des draperies mouillées. Il nous est arrivé à nous-même, dans une excursion à Rhamnus, —où l'on se rend d'Athènes en passant par Marathon — de mettre la main sur d'innombrables terres cuites, enfouies par monceaux dans les restes de cette ville jadis si fameuse par son temple de Némésis, dont la statue était de Phidias. Après avoir franchi les remparts de l'Acropole, dont les assises de marbre sont maintenues dans leur blancheur par une source d'eau vive, nous parcourûmes une enceinte montueuse, jonchée de ruines. Çà et là s'ouvraient des excavations où des milliers de vases et de figurines gisaient entassés, comme si la forteresse eût été, la veille même, prise d'assaut. Que de désastres, que de familles désolées, que de générations ensevelies, et que de choses à la fois nous représentaient ces vases brisés, ces lambeaux de draperies, ces fragments de têtes et de

---

1. Voir la gravure qui est en tête de la première page.

bras, ces doigts de pieds, ces torses rompus qui offraient par places des parties intactes et polies !

Quelques-uns de ces débris furent emportés par nos compagnons et par nous avec une tristesse inexprimable. Elle est inexprimable, en effet, la tristesse de ces lieux déserts dont le silence est augmenté encore, pour ainsi dire, par le murmure de la mer Égée qui vient expirer sur la grève. Déjà les lentisques et les lauriers-roses cachent les ruines des temples dédiés à Thémis et à Némésis, et nous étions partis avec la douleur de n'avoir pu les découvrir, lorsqu'un pâtre homérique, laissant errer son troupeau de chèvres noires, nous ramena de loin sur un plateau que nos chevaux avaient déjà foulé, et nous montra les ruines que nous avions cherchées en vain. Elles étaient confondues dans un désordre inextricable et paraissaient avoir été dispersées par un tremblement de terre. L'emplacement des deux temples ressemblait à un champ de bataille sur lequel on aurait oublié des cadavres. Les chapiteaux étaient enfouis dans l'herbe ; des cannelures commencées semblaient avoir été interrompues par la guerre. Un siége de marbre était renversé sur le seuil du temple, et un pli de tunique, sculpté sans doute par Phidias, était recouvert de broussailles... Ces souvenirs nous sont revenus en foule quand nous avons vu, dans le cabinet de M. Thiers, les terres cuites qu'il y a placées comme échantillons de l'art familier des Grecs. Celles-ci ne sont pas seulement admirables de caractère, elles sont aussi d'une conservation parfaite, et elles donnent une idée de tout ce que devaient renfermer en ce genre les cités de l'Attique, et en particulier les pénates de l'antique Rhamnus, où nous avions remué tant de décombres.

Que dire des splendides laques noirs du Japon et des laques rouges de Chine fouillés en relief, des coupes en jade blanc ou vert, des figurines en pierre de lard, des mosaïques en pierres dures, et des sculptures en bois de fer, ou en bois de santal, ou en mandragore? Comment décrire tous les genres de porcelaine qui achèvent d'orner le cabinet de M. Thiers, l'ancien blanc, le bleu turquoise, le céladon uni ou craquelé, et les potiches de la famille verte, et les vases de la famille rose, que sais-je encore?... Il faudrait, pour en bien parler, plus de connaissance que nous n'en avons, et une telle besogne reviendrait de droit à notre collaborateur M. Jacquemart.

Pour nous, ce qui nous frappe tout d'abord dans ces matières opulentes, c'est le goût des arrangements, c'est le sentiment des formes, c'est la finesse et la variété du travail. Chacune des substances précieuses que la nature leur a fournies, les Japonais, comme les Chinois, l'ont employée à propos, l'ont mise à la place où elle vaudra le plus et où elle prêtera le plus de valeur aux autres substances. Nous avons longtemps regardé, sans pouvoir en détacher nos yeux, une grande boîte oblongue en bois de fer, incrustée de pierres dures, dont la mosaïque dessine des branches d'arbres et des oiseaux jetés avec un habile désordre sur le fond sombre du bois. On y voit chatoyer le quartz rose, la cornaline, la nacre, le lapis-lazuli; les feuilles sont en malachite, les oiseaux en jade veiné; il ne se peut rien imaginer de plus magnifique et de plus flatteur pour les yeux. Ce serait un spectacle éblouissant si l'artiste n'avait ménagé quelque repos sur la sévère nudité du fond, et s'il n'avait combiné l'harmonie de ses tons avec leur violence naturelle et superbe.

Mais une journée entière ne suffirait certainement pas à étudier en détail les laques de cette
collection. Il nous souvient qu'à la vente Monte-
bello, il y a quelques années, M. Thiers se fit adju-
ger pour un grand prix un délicieux petit cabinet
en laque à fond d'or. Vingt fois nous avons revu
cette menue merveille, et toujours elle nous a
surpris et charmé, la vingtième fois tout autant
que la première. Les tiroirs en sont tellement
petits que c'est à peine si on y ferait entrer le
déjeuner d'un oiseau-mouche. Mais il y a je ne
sais quelle grâce ironique dans l'impossibilité
même d'utiliser ces tiroirs. Toutefois, l'ajustage
en est parfait, les battants se replient sur leur
feuillure avec une exactitude qui tient du pro-
dige. Quant à la délicatesse des travaux d'art,
elle est inexprimable. L'or y brille en teintes
charmantes, et l'effet en est encore varié par des
incrustations métalliques et par des intermitten-
ces de couleur. On dirait qu'un sylphe a me-
nuisé en secret ce meuble impondérable pour y
cacher ses billets doux.

Avouons-le franchement, aucune nation n'a
poussé aussi loin que les Japonais et les Chinois
cet art des choses intimes, ce culte des dieux

lares qui fait de la famille un sanctuaire. Assurément, c'est une sensation des plus douces que
de manier les laques du Japon, dont le vernis
est si pur, si compacte et si uni, qu'il forme un
intermédiaire impénétrable entre le contenant
et le contenu... Mais il me semble qu'à ces fines
sensations répondent des sentiments analogues.
Quel tendre respect doivent inspirer les parures
des grands parents, lorsque l'enfant les hérite
dans ces boîtes admirables ! Combien de souvenirs délicats doivent s'attacher à l'écharpe d'une
mariée, à ses robes brodées d'or et de soie ou
brochées bleu sur bleu, à ses fichus de satin, à
ses blanches fourrures en chèvre du Thibet, à
ses pantoufles lilliputiennes, quand on les trouve
renfermées dans un de ces légers coffres où vol-
tigent des cigognes élégantes, où s'épanouissent
en relief des branches de pin et de bambou, des
papillons et des chrysanthèmes ! Tantôt le coffre
est aventuriné, c'est-à-dire poussiéré d'or ou
d'argent ; tantôt il est semé de grains plus
gros et plus brillants, semblables à des cristaux
saillants et brunis. N'est-ce pas à croire qu'un
Jupiter mongol, voulant séduire les Danaé de
Nankin, a fait tomber cette pluie d'or dans leurs
nippes adorables ?

Oui, M. Thiers a raison : Dieu n'a déshérité aucune partie de l'univers, et chaque peuple est parvenu dans son genre à un degré de perfection que les autres peuples n'ont pu atteindre. Ainsi les nations, devenues tributaires les unes des autres, ont été forcées de se reconnaître tour à tour inférieures et supérieures en tel ou tel produit du génie humain. Dans ce concours universel, personne, je crois, n'a disputé aux Chinois le *premier prix* de la céramique. Finesse de la pâte, forme, couleur, décor, tout chez eux est incomparable, en fait de porcelaine. Les défauts mêmes de leur peinture se changent ici en qualités. Ce qu'il y a de bizarre dans leur dessin réduit les figures au rôle d'accessoires décoratifs, et l'absence de perspective laisse triompher la rondeur du vase, son galbe et sa plénitude.

Ce serait, en effet, une lourde faute et même un contre-sens monstrueux que de creuser des lointains sur une surface convexe, et de reculer ainsi justement ce qui avance et ce qui doit avancer. Il a été un temps où la manufacture de Sèvres faisait peindre majestueusement sur ses grands morceaux *l'Arcadie* du Poussin, *le Sacre* de David, *les Moissonneurs* de Léopold Robert, ou toute autre composition célèbre : rien ne saurait être plus mal entendu. Le décor d'un vase, au lieu de présenter à l'œil l'idée d'une concavité impossible, doit être purement extérieur. Que les fleurs s'y dispersent en obéissant aux courbes du profil, qu'elles s'égarent sur le piédouche et sur les anses, qu'elles se déploient sur les flancs du vase, qu'elles se penchent sur ses lèvres ouvertes, mais que toujours la forme de l'objet principal domine la forme de ses ornements. Voilà ce que les Chinois ont compris à merveille et mis en pratique. Malgré le soin qu'ils y ont apporté, leurs figures ne sont que des taches heureuses, des images souvent fantastiques, des apparitions qui passent à la surface des théières ou des potiches sans y pénétrer, sans en rompre les contours, sans en troubler le développement.

Et de même que la forme des objets décoratifs est subordonnée à celle de l'objet décoré, de même, dans tous les ouvrages des Chinois, les couleurs se soumettent à une loi d'harmonie qui prime jusqu'à la vérité de l'imitation. Nous en voyons un curieux exemple sur une des porcelaines qui ornent le cabinet de M. Thiers.

C'est un morceau de la fabrique impériale et des plus beaux qui existent. La peinture représente une course de chevaux dans le manége du souverain. Toutes les femmes du harem chinois sont lancées à fond de train sur l'hippodrome, qui tourne avec le vase; elles jouent à qui arrivera première. Dans le nombre, il en est une dont la chevelure s'est défaite et qui, pour la rajuster, a mis sa cravache entre ses dents : c'est une image de la grâce surprise au galop.

Suivant les convenances de sa gamme, le coloriste a introduit dans sa peinture des chevaux de toutes les robes, des bruns, des alezans, des gris, des jaunes et même des *bleus*, sans qu'une couleur aussi étrange soit choquante, et il l'a fait au contraire pour ne pas faillir à l'harmonie qui, en cet endroit, demandait une nuance de bleu. « Il n'est pas de couleurs si ennemies, dit le père André, qu'on ne puisse les réconcilier par la médiation de quelque autre, comme par une amie commune. » Les Chinois connaissaient ce principe plusieurs mille ans avant le père André. Quant aux mouvements des chevaux, ils sont saisis avec beaucoup de vivacité et de vérité, je veux dire avec cette vérité qui dans l'art s'appelle vraisemblance... Mais comme elles sont jolies, ces houris du sérail chinois! Leur peau est aussi fine que l'émail du vase; leurs mains sont polies et satinées ; leurs ongles longs ont été conservés dans des gaînes de bambous, et sous leurs paupières allongées, sur le vermillon de leurs petites lèvres, on sent poindre le sourire de la volupté et je ne sais quel ironique sentiment de l'amour. Délicieuses poupées, on serait tenté de les renfermer, après la course, dans un étui de laque noir aventuriné, d'or avec fleurs de pêcher en rehaut.

Rangées sous une grande vitrine, la plupart de ces chinoiseries y sont confondues avec les figurines grecques en terre cuite qui, par leur style et leur auguste élégance, éclipsent aisément ce qui les entoure. On voit tout de suite quel rang il faut assigner à la pure imitation dans la hiérarchie de l'art. Ici se prélasse un mandarin ventru qui bâille d'un immense ennui; là, c'est un personnage assis sur ses talons, et qui se cure l'oreille en souriant avec malice [1].

1. Voir la petite gravure qui est placée à la dernière page de ce volume.

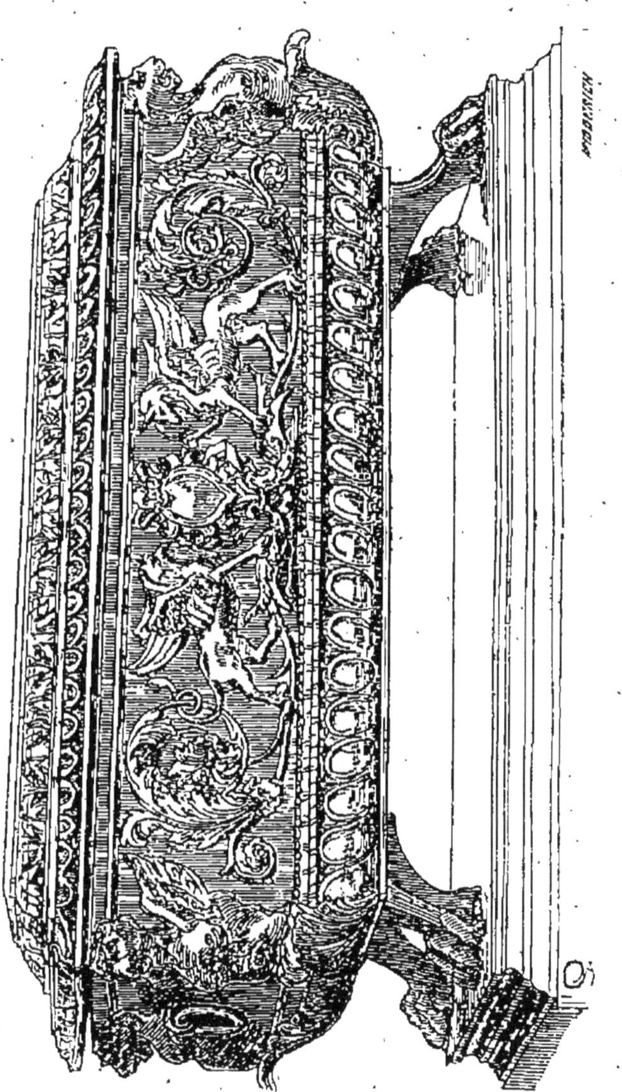

Des déesses en bronze, des philosophes en pierre de lard, des bébés en ivoire du plus fin travail, des tableaux sur bois, marines ou paysages, minutieusement gravés, sculptés et fouillés avec des évidements profonds, une coupe rarissime en jade vert avec une inscription qui aura peut-être la chance d'être déchiffrée par nos professeurs de chinois, un crabe modelé de la façon la plus surprenante, en bois dur, et cent autres objets de curiosité remplissent la vitrine de M. Thiers.

Aucun spécimen ne manque donc à sa collection. On y trouve des coffrets en bois, style Renaissance, ouvrés avec infiniment de goût et patiemment finis, des sculptures au monogramme d'Albert Dürer, des figures tudesques, ciselées par Aldegrever sur cette pierre de Bavière qui est devenue aujourd'hui la pierre lithographique, et jusqu'à des cires italiennes ou françaises du seizième siècle, représentant les grandes dames de la cour, au temps des Valois. Toutes les formes, toutes les matières sont rassemblées ici, et toutes les variantes de l'art et de la beauté. Les fameuses portes modelées par Ghiberti pour le baptistère de Saint-Jean, à Flo-

rence, ces portes que Michel-Ange jugeait di-
gnes d'ouvrir le ciel, M. Thiers en a fait mouler les
reliefs, il y a longtemps déjà, et il en a couvert les
parois de son antichambre. Au milieu de la pièce,
sur une table de marbre, est placée une belle
réduction de la *Panthère* du Vatican; elle est en
jaune antique avec des incrustations de marbre
noir imitant la robe tachetée de l'animal. Sur les
panneaux de la même chambre sont encastrés
les *Sept Sacrements* de Nicolas Poussin, repro-
duits en marqueterie de bois, d'un ton effumé
(*sfumato*) et d'un prix inestimable.

Enfin, comme on le pense bien, les terres
cuites émaillées de Luca della Robbia n'ont pas
été oubliées non plus dans le musée d'un amateur qui adore l'Italie. Nulle part, je suppose,
même à Florence, on ne rencontrerait des médaillons mieux réussis ni d'une conservation
plus heureuse. C'est à notre collaborateur,
M. Barbet de Jouy, qu'il appartiendrait de décrire en parfaite connaissance les terres émaillées
de ce cabinet. Plus compétent, il apprécierait
mieux que nous la beauté de ces poteries, la
finesse du grain, la qualité et le ton de l'émail.
Une chose nous frappe, c'est que l'artiste floren-

tin a obtenu de véritables œuvres d'art en em-
ployant des matières qui semblent si peu faites
pour exprimer la figure humaine. L'émail de la
faïence se prête bien mal, selon nous, à l'imitation de la chair, et dès lors il est étrange de
poursuivre cette imitation, dans le même ouvrage, au moyen de la polychromie. Il y a là un
mélange de réel et de faux qui devrait répugner
à un artiste, et cependant Luca della Robbia est
parvenu, à force de talent, à faire pénétrer le
sentiment de l'art dans ces matières opaques,
sous ce vernis d'étain, dont le poli et le froid
mortel jurent tellement avec les colorations de la
vie, surtout avec une expression de tendresse
comme celle qui anime les Vierges du maître.

J'imagine que ces Madones de faïence sont
effrayantes à voir à certaines heures; mais plus
effrayantes encore doivent être, par moments, les
terres peintes du même sculpteur, ses bustes de
femmes ou d'enfants dont il a teinté les pru-
nelles, colorié les cheveux et les sourcils, pein-
turé les joues et vermillonné la bouche. De pa-
reilles tentatives d'imitation, ne craignons pas de
le dire, sont le fait des barbares. Non, la sculpture polychrome, du moins ainsi entendue, n'est

point de l'art; non, il ne faut pas singer la vie par ce mélange de ronde-bosse et de couleur qui ne trompe nos yeux un instant que pour inspirer à notre âme l'horreur des spectres. L'art ne nous doit pas une réalité impossible : il nous doit l'esprit des choses. En imitant la figure humaine avec du marbre ou du bronze, en imitant le relief des corps sur une surface évidemment plane, le sculpteur et le peintre nous avertissent l'un et l'autre qu'ils n'ont pas voulu nous causer une illusion puérile, et qu'ils prétendent seulement nous offrir une image de la vie, et cela pour éveiller un sentiment ou un souvenir, pour évoquer une âme. Toute autre ambition est monstrueuse par cela même qu'elle est impuissante. Nous le disions récemment dans la *Grammaire des Arts du dessin*, l'idée est le seul principe vivant dans les êtres, et, partout où elle est absente, il n'y a que des fantômes, de vaines ombres.

Nous n'avons pu donner ici qu'un aperçu des objets si variés que possède M. Thiers, et notre description est un abrégé de son cabinet, qui est lui-même un abrégé du monde. « J'ai voulu, nous disait-il, réunir les pièces justificatives d'un tableau historique de l'art, et j'y ai été conduit par l'histoire de Florence, à laquelle j'ai travaillé dix ans. S'il me reste de la force, je tracerai peut-être ce tableau du développement de l'art chez tous les peuples. L'amour de mon pays, l'amour de certaines idées m'avait jeté dans la politique; j'y ai trouvé un océan d'amertume : ici je trouve le repos, le calme, l'oubli des injures, et, oserai-je ajouter, la justice de l'historien. Ici, les hommes ne sont plus pour moi que des tableaux; je ne leur en veux pas plus qu'aux figures de Raphaël et de Michel-Ange. Mon cœur est resté ardent; ma raison est devenue de glace... »

Pour nous, de ces longues visites nous emporterons, avec une impression durable, quelques pensées utiles et grandes. La France tient à être une nation bien élevée : elle ne le sera point complétement tant que l'esthétique restera étrangère à l'éducation des lettrés, en attendant de pénétrer des couches plus profondes... l'esthétique, disons-nous, cette science morale et politique, s'il en fut, qui, en Europe, est enseignée partout, mais qui, chez nous, n'est enseignée ni à l'École normale, ni à la

Bibliothèque, ni à la Sorbonne, ni même au Collége de France. Ce que M. Thiers a fait pour lui-même, un gouvernement serait bien venu à le faire pour tous. Au lieu de ces interminables musées de peinture où abonde le médiocre, nous aurions des galeries réformées où l'on n'admettrait que l'excellent. Dans un Louvre cosmopolite, le visiteur passerait successivement par les divers degrés de l'initiation. Il serait conduit de chambre en chambre, jusqu'aux chefs d'œuvre — soit originaux, soit parfaitement moulés ou imités — qui ont été produits par un suprême effort du génie humain. Rien ne serait exclu de ce qui est, en son genre, de premier ordre. On y verrait des laques et des porcelaines, aussi bien que des ivoires et des bronzes ; mais, dans l'échelle de nos admirations, la matière ne serait pas au même rang que l'esprit, ni l'imitation au même rang que le style. Le néophyte s'élèverait ainsi, peu à peu, du beau relatif au beau absolu, de l'intelligence qui comprend tout, au grand goût qui choisit et qui épure. Il est permis de croire qu'à ce prix les écoles de Sicyone et d'Athènes pourraient un jour revivre parmi nous, si quelques philosophes, prenant à cœur l'éducation des jeunes artistes, les menaient graduellement jusqu'au dernier sanctuaire où brilleraient les Phidias et les Raphaël.

P.-S. — Qu'on nous permette de consi-
gner ici un fait assez curieux.

Le dimanche 28 mai 1871, munis d'un
laissez-passer, M. Ravaisson et moi, nous
entrâmes aux Tuileries, dont les ruines
étaient encore fumantes. Nous étions con-
duits par la pensée que peut-être quelques-
uns des objets appartenant à M. Thiers
pourraient être enfouis parmi les décombres. Nous savions en effet que onze four-
gons chargés de meubles et d'objets d'art
avaient été transportés dans une grande
salle du palais, non loin du pavillon de
Flore. En un instant, nous eûmes décou-
vert les restes d'une écritoire en argent, des
bronzes d'applique ayant orné des meubles
de Boule, et une toute petite burette antique

en terre cuite, que je reconnus sur-le-champ pour l'avoir vue dans une des vitrines de M. Thiers.

Chose étonnante ! Ce fragile morceau de céramique athénienne, âgé de deux mille ans et plus, après avoir traversé les siècles et les mers, après avoir cent fois échappé au péril de se rompre, se retrouvait intact, sous des monceaux de cendre, au milieu de pierres écroulées et d'innombrables débris ! Mais ce qui est plus surprenant encore, c'est que l'incendie, ayant mis sans doute en fusion des vitres brisées, avait revêtu la terre cuite d'une couverte un peu rugueuse, de sorte que, par une ironie du destin, cette menue chose sans valeur, mais non sans grâce, était venue, de Rhamnus ou d'Éleusis, se faire émailler aux Tuileries par un désastre...

9 782013 629317